Comparar y contrastar

Frases claves para **comparar y contrastar:**

Al comparar _____ y
_____, noto que ambas
cosas se parecen en que _____.

También, me doy cuenta de que se diferencian
en cuanto a _____.

A diferencia de...
En cuanto a...
Las diferencias son...
Las semejanzas son...
En cambio...
Ambas...
En cada caso...

Hallar en qué se **parecen**
y **diferencian** dos o más cosas,
lugares o sucesos se llama
comparar y contrastar.

Tradiciones
familiares

Algunas personas tienen familias grandes, mientras que otras tienen familias pequeñas. Algunas familias viven juntas en la misma casa o en el mismo pueblo, mientras que otras viven muy separadas.

Muchas familias tienen tradiciones similares.

En todo el mundo se celebran días importantes con tradiciones especiales. Diferentes países y **culturas** tienen tradiciones y costumbres distintas.

Una celebración común es el cumpleaños. Las familias ponen **decoraciones** y comen juntos su comida favorita. Una tradición común es cantar una canción de cumpleaños.

Hay algunas tradiciones para celebrar el cumpleaños que son propias de algunas culturas, pero no de otras.

En México tienen fiestas de cumpleaños
con piñatas de colores. Las piñatas se
hacen con papeles de colores brillantes
y pueden tener la forma de un animal, una
estrella u otra cosa. Todos esperan su turno
para golpear la piñata con un palo para
romperla. ¡Cuando la piñata se abre, caen
golosinas y juguetes para todos!

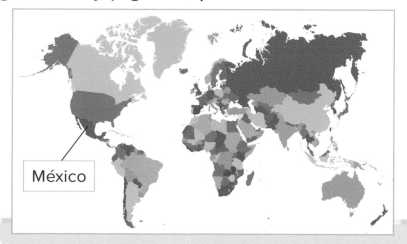

México

En Hungría y Argentina te jalan las orejas para desearte un feliz cumpleaños. Te dan un jalón por cada año que cumples. ¡No te asustes, son jaloncitos suaves y no te lastiman!

Hungría

Argentina

En algunos países caribeños como Jamaica, recibes una sorpresa especial en tu cumpleaños. Tus amigos y familiares te lanzan harina para que tengas buena suerte.

En Brasil hay una tradición similar, pero no solo te tiran harina. ¡También rompen un huevo sobre tu cabeza! ¡Terminas cubierto de los ingredientes para hornear un pastel!

Jamaica

Brasil

Las familias coreanas tienen una tradición singular para celebrar el cumpleaños. Mucha gente toma una sopa especial de algas marinas. ¡La sopa se sirve en el desayuno!

Las familias chinas sirven un plato de fideos largos en el cumpleaños. ¡Esta tradición es para desear una larga vida a la persona!

China

Corea del Sur

Las fiestas de cumpleaños son una tradición **popular** en Rusia. Las familias hacen algo especial para los invitados más jóvenes. Cuelgan regalos en un tendedero. Cuando los invitados se van, cada niño escoge un regalo para llevarse a casa.

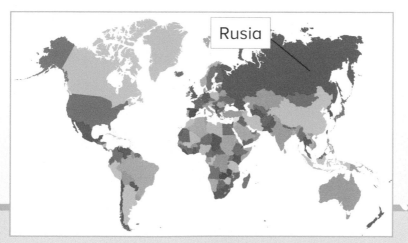

Rusia

Cumpleaños especiales

Algunas comunidades y culturas del mundo tienen tradiciones especiales cuando se cumple una edad determinada. Estos son algunos de esos cumpleaños especiales.

★Una tradición hispana es la quinceañera. Cuando una niña cumple quince años, su familia hace una fiesta para parientes y amigos. La niña generalmente lleva un vestido muy colorido. Esta tradición celebra que la niña se transforma en una jovencita.

★ Para las familias japonesas, algunos cumpleaños son muy importantes. Cada año, el festival Siete-Cinco-Tres se celebra para niños que cumplen 7, 5 y 3 años. Los niños usan ropa de muchos colores.

★ En Corea hay una tradición llamada la Celebración del Día 100. Se celebran los primeros cien días después del nacimiento de un niño.

★ En Sudáfrica tienen una tradición especial para celebrar el cumpleaños número 21. Los padres dan a sus hijos una llave hecha de oro, plata o aluminio. La llave es un **símbolo** de libertad y de ser adulto.

★ En la India tienen una **ceremonia** particular para el primer cumpleaños de un niño. Es el día en que le cortan el cabello por primera vez.

En Estados Unidos hay muchas familias que celebran el Año Nuevo en la última noche de diciembre. Hay personas que para celebrar ese día viajan a ciudades grandes, como Nueva York. Todos se alegran y celebran a medianoche cuando llega el Año Nuevo. Es usual visitar amigos y parientes el primer día del año nuevo.

Familias de culturas diferentes celebran el Año Nuevo de manera distinta.

Nueva York

El Año Nuevo **Lunar** se celebra en enero o febrero. Se hace para dar la bienvenida a la primavera. En China, mucha gente viaja a casa para el Año Nuevo Lunar. Las familias decoran con color rojo y cuelgan luces. Disfrutan de una comida especial, y los niños reciben dinero de regalo. Hay desfiles con bailarines disfrazados de dragones y leones.

SABELOTODO

En Vietnam, el Año Nuevo Lunar se llama Tet. Dan la bienvenida a la primavera con paz y flores de damasco.

China

Vietnam

Muchas familias hispanas comen doce uvas justo antes de que llegue el Año Nuevo. Esta tradición comenzó en España. La gente come una uva cada vez que suena una campanada del reloj que va a marcar las doce de la noche. Las uvas son un símbolo de buena suerte. Cada uva representa un mes del nuevo año. A algunos les gusta pedir un deseo por cada uva que comen.

España

En Chile, las familias no comen uvas para el Año Nuevo. Tienen una tradición diferente. La gente come **lentejas** para tener buena suerte.

En Colombia, las familias no comen lentejas. ¡Se llenan los bolsillos con ellas para el Año Nuevo! También ponen trigo en la mesa. ¡Esperan dar la bienvenida a un nuevo año lleno de comida!

Colombia

Chile

En Irán y en otros países, el Año Nuevo se celebra en marzo. El Año Nuevo comienza en primavera. Las familias se preparan durante semanas antes de la fiesta, que dura 2 semanas. Las familias visitan amigos y parientes, y disfrutan juntos de comidas especiales. Los niños reciben regalos, y todos esperan muy emocionados el Año Nuevo.

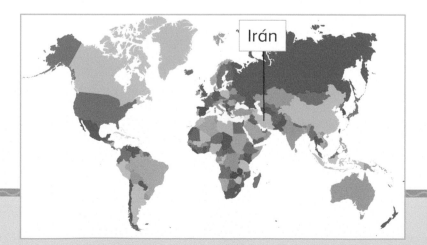

Irán

En Etiopía, el Año Nuevo se celebra en septiembre. La gente celebra durante casi una semana. El Año Nuevo comienza después de la temporada de lluvias, cuando hay sol y las flores comienzan a crecer. Las familias y los amigos se juntan para cantar y bailar, comer platos típicos y encender fogatas. El fuego **representa** el sol al final del periodo de lluvias.

Etiopía

¡Fuegos artificiales!

Familias en todo el mundo celebran el Año Nuevo en momentos diferentes del año y de maneras distintas.

Muchas tradiciones tienen algo en común: ¡los fuegos artificiales!

Los fuegos artificiales se inventaron en China hace muchísimos años. Se fabricaron usando la pólvora, que explota al contacto con el fuego. También añadieron diferentes materiales a la pólvora para que explotara de diferentes colores.

En el Año Nuevo musulmán, las familias pasan tiempo juntas. En algunos lugares, los niños desfilan con sus familias para dar la bienvenida al Año Nuevo. La música llena las calles, y la gente baila y participa en carreras.

Calendario chino

La fecha del Año Nuevo Lunar se basa en el calendario chino que se ha utilizado durante miles de años.

En el calendario chino, cada mes está basado en el ciclo de la luna. Existen normalmente 12 meses. El comienzo de cada mes se basa en la apariencia de la luna en el cielo. Cada mes comienza el primer día de luna nueva. En la luna nueva, la luna no se puede ver desde la Tierra. Durante el mes, la luna cambia. El mes dura hasta que la luna cumpla todo su ciclo en el cielo. El mes siguiente comienza con la próxima luna nueva.

Ciclo de la Luna

Luna nueva

El Año Nuevo Lunar comienza con la segunda luna nueva después del invierno.

El calendario que usamos en Estados Unidos tiene 12 meses y, generalmente, 365 días. El año nuevo comienza el 1.° de enero. Este calendario se usa en muchos países del mundo. Incluso la gente que usa calendarios diferentes para sus festividades, se guía por este calendario para sus actividades diarias.

Celebramos diferentes festividades durante el año. Las personas de Estados Unidos se reúnen con familiares y amigos para celebrar el Día de Acción de Gracias con un gran festín. Es bueno compartir tradiciones con otros.

También es bueno compartir tradiciones especiales solo con nuestras familias. Diferentes culturas y tradiciones hacen que nuestro mundo sea un lugar muy especial. ¡Sin ellas, el mundo no sería tan interesante!

ceremonia un evento especial

culturas creencias y prácticas de un grupo
de personas

decoraciones objetos que se añaden a algo para
verse más bonito

lentejas un tipo de legumbre

lunar de la luna

popular que le gusta a muchas personas

representa actúa en nombre o calidad de otra cosa

símbolo algo que representa una idea

...otography and Art Credits

All images © by Vista Higher Learning unless otherwise noted.

Cover: (tl) Rawpixel/Shutterstock; (tml) Tatyana Vyc/Shutterstock; (tmr) StockImageFactory/Shutterstock; (tr) Dragon Images/Shutterstock; (b) Sollina Images/Getty Images. (Master Art for all levels): Seeyah Panwan/Shutterstock.

4: (t) Rawpixel/Shutterstock; (ml) Tatyana Vyc/Shutterstock; (mr) Fizkes/Shutterstock; (b) Kali9/Getty Images; **5:** (t) StockImageFactory/Shutterstock; (m) Dragon Images/Shutterstock; (b)Digitalskillet/ Shutterstock; **6:** (t) Monkey Business Images/Shutterstock; (b) YakobchuckViacheslav/Shutterstock; **7:** Sollina Images/Getty Images; **8:** Wallenrock/Shutterstock; **9:** (t) Wavebreak/Media Bakery; (b) M. Unal Ozmen/Shutterstock; **10:** Zorina_larisa/Shutterstock; (t) Creative Caliph/Shutterstock; (b) Cheng Wei/ Shutterstock; **11:** Lindasky76/Shutterstock; **12:** (t) NadyaRa/Shutterstock; (b) Cowardlion/Shutterstock; **13:** (t) Insung Jeon/Getty Images; (m) Apolikhina Anna/Shutterstock; (b) EyeEm/Alamy; **14:** Art_of_sun/ Shutterstock; Ryan Rahman/Shutterstock; **15:** (l) Tom Wang/Shutterstock; (r) Cora Reed/Shutterstock; **16:** Paulina Rojas/Shutterstock; **17:** (l) Serezniy/123RF; (r) Nito103/Deposit Photos; **18:** Youshij Yousefzadeh/ Shutterstock; **19:** Hailu Wudineh Tsegaye/Shutterstock; **20:** Totojang1977/Shutterstock; **21:** JokoP/ Shutterstock; **22-23:** MarySan/Shutterstock; (t) Natee Jitthammachai/Shutterstock; (b) Rawpixel/ Shutterstock; **24:** Monkey Business Images/Shutterstock; **25:** (t) Jack Hollingsworth/Getty Images; (b) Drazen_/Getty Images.

© 2024, Vista Higher Learning, Inc.
500 Boylston Street, Suite 620
Boston, MA 02116-3736
www.vistahigherlearning.com
www.loqueleo.com/us

Dirección Creativa: José A. Blanco
Vicedirector Ejecutivo y Gerente General, K–12: Vincent Grosso
Desarrollo Editorial: Salwa Lacayo, Lisset López, Isabel C. Mendoza
Diseño: Radoslav Mateev, Gabriel Noreña, Andrés Vanegas, Manuela Zapata
Coordinación del proyecto: Karys Acosta, Tiffany Kayes
Derechos: Jorgensen Fernandez, Annie Pickert Fuller, Kristine Janssens
Producción: Thomas Casallas, Oscar Díez, Sebastián Díez, Andrés Escobar, Adriana Jaramillo, Daniel Lopera, Daniela Peláez

Tradiciones familiares
ISBN: 978-1-66992-201-8

Printed in the United States of America

1 2 3 4 5 6 7 8 9 GP 29 28 27 26 25 24